COMMENT

LES PEUPLES

FINISSENT.

Par

Paul Drouilhet de Sigalas,

Auteur de : *La Propriété et le Socialisme.*

ERUDIMINI.

———

Prix : 75 centimes.

———

PARIS,	BORDEAUX,
VATON, LIBRAIRE,	CHAUMAS—GAYET, LIBRAIRE,
Rue du Bac, 46.	Chapeau-Rouge, 34.

1849

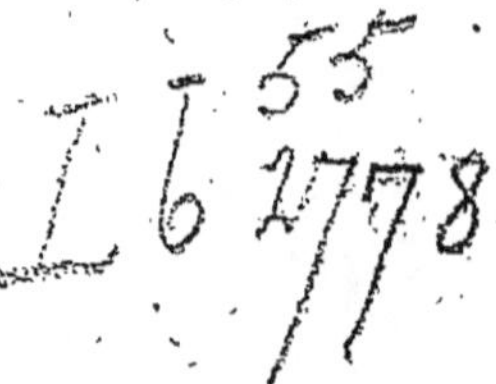

Bordeaux, impr. J. Dupuy et Cᵒ, rue de la Devise, 12.

Ce qui caractérise les époques de trouble comme la nôtre, les époques de transformation et de révolution, c'est le silence des Lettres.

L'Art se tait pour deux motifs : le premier, c'est qu'il a besoin de paix, de recueillement, d'isolement, d'espérance ; le second, c'est qu'il lui faut des organes. Or, en temps de révolution, ces deux conditions essentielles lui font défaut. Il s'éteint dans un milieu fatal à son développement, où il ne peut ni s'inspirer ni s'exprimer. Les hommes et les choses lui manquent.

Dans ces heures d'agitations et d'incertitudes, pourquoi les intelligences d'élite quittent-elles

les régions spéculatives pour descendre sur le terrain de la pratique? Pourquoi abandonnent-elles le Beau pour l'Utile? Certainement elles n'ont rien à gagner à ce rude contact des réalités grossières et dans ces luttes des passions matérielles.

Mais, lorsque la société est menacée, tout homme est soldat. Les plus élevés, comme les plus humbles, ne doivent pas, sous peine de lâcheté, déserter le lieu où se fait l'attaque. Ce n'est plus l'heure de la méditation et de la spéculation, c'est celle de l'action.

Nous en sommes là.

En nos mains nous tenons l'arrêt de vie ou de mort, non pas seulement de la société du présent, mais de la société de l'avenir. Nous pouvons laisser tout périr, comme nous pouvons tout sauver encore.

C'est une étrange position que la nôtre. Elle a ses émotions puissantes, ses angoisses, ses terreurs, ses aspirations infinies, ses ivresses dévorantes, ses joies sombres, ses enseignemens terribles, ses profonds tressaillemens; c'est un drame de Shakspeare, avec ses longs désespoirs, ses folles espérances, ses jours blâfards, ses heures mornes, ses délires atroces; c'est une scène de ce monde désolé de Dante, de cette *città dolente* d'où l'espérance est bannie.

Nous assistons à d'immenses désastres. A nos côtés tout s'affaisse, tout sombre. Quel plus désolant naufrage que le nôtre, celui de toutes les notions du Vrai, du Bien, du Droit, du Devoir, du Juste! Qui n'a senti passer sur sa tête un souffle de terreur? Quelles oreilles n'ont entendu ces voix gémissantes qui s'élèvent des quatre horizons?.... Les cieux pleurent! la terre pleure!... Est-ce l'heure de la mort ou celle de la résurrection, l'heure des stérilités ou celle des enfantemens? Est-ce la fin d'une création et le travail de préparation d'une création nouvelle?

Redoutable question, à laquelle nul n'ose répondre!... Oh! qui nous délivrera des angoisses du doute?...

Puisque l'avenir ne nous envoie aucune lumière, appuyons-nous d'un pied ferme sur ce terrain qui nous a été donné pour nos luttes, je veux dire le présent. Car, si l'avenir est à Dieu, le présent est à nous.

Autour de nous, deux principes en présence. La question est réduite à deux termes : *Conservation* et *Destruction*. Nous sommes jetés au milieu de la lutte gigantesque de ces deux élémens contraires, de ces deux forces antagoniques. Dualisme implacable, lutte inouïe, partie désespérée dont l'enjeu est la vie d'un peuple, l'existence d'une civilisation !

La France périra ou la France renaîtra ; telle est donc la question.

Quelle que soit la solution de ce sombre problême, hâtons-nous de dégager l'inconnue de la nuit qui la presse. Marchons, sans nous demander quelle sera l'issue de la lutte, comme le soldat qui ne sait s'il va à la victoire ou à la défaite. — Que la bataille soit perdue ou gagnée, le devoir est toujours le devoir.

Ne nions pas d'autre terre parce que nous ne voyons pas derrière notre horizon. Ne désespérons pas de l'avenir parce que nous ne pouvons voir au-delà du présent.

Certainement le calice est amer, les douleurs sont immenses ; mais qu'importent ces amertumes, qu'importent ces douleurs, qu'importe la mort, si c'est là le prix de la régénération sociale, si c'est avec ce fiel et avec ce sang que le monde doit être une seconde fois racheté !

Si la douleur est la condition d'un retour à la vie, acceptons la douleur. Ne reculons pas devant les labeurs, les déchiremens et les suprêmes efforts de cet enfantement sublime. Que les générations nouvelles portent sur leur front rajeuni le signe de ce nouveau baptême de nos douleurs et de notre sang.

Ainsi, marchons dans notre foi, nous tous, jeunes hommes, qui avons faim de l'avenir, et qui n'avons pas brûlé notre barque sur les rives dévastées du passé. Dieu fera le reste.

Au milieu des bruits et des tumultes qui nous tiennent sans cesse en éveil, ne pourrions-nous pas recueillir notre pensée et nous élever quelques instans au-dessus des émotions de l'heure présente, pour voir les évènemens de plus haut, les juger avec plus de calme, et essayer de pénétrer leur sens intime? Si nous sommes encore capables de cet effort, n'hésitons pas ; nous avons tous à gagner à ce travail de l'esprit, à cette aspiration vers le Vrai.

C'est dans ce but que nous publions cette rapide ébauche.

Iuin 1849.

I.

LOIS DU DÉVELOPPEMENT DES SOCIÉTÉS.

———

Lorsqu'on jette un regard attentif sur les lois du développement de ces grandes individualités qu'on appelle peuples, nations, sociétés, on est bientôt frappé d'un fait qui, dans sa généralité, embrasse et explique tous ces autres faits partiels et isolés qui constituent l'histoire. Ce fait, c'est le rapport qui existe entre les périodes de formation, de croissance et de décroissance des diverses sociétés qui ont vécu dans le passé. Toutes,

1*

elles ont eu dans leur durée des transformations successives, des mouvemens d'ascension et de décadence, qui, divers en apparence, étaient au fond identiques; toutes, elles ont subi les mêmes modifications, les mêmes alternatives, et passé par les mêmes phases.

On peut donc conclure qu'il existe une loi constante et invariable de commencement, de croissance et de fin, qui s'applique aussi bien aux peuples qu'aux individus; car les sociétés sont des êtres collectifs, doués, comme tous les êtres, de vie, de sentiment, de raison, de force, et dont l'existence, plus longue, il est vrai, que celle de l'individu, est soumise toutefois aux mêmes conditions.

Cette loi générale et nécessaire, à laquelle tout ce qui a vie est subordonné, donne la raison des transformations sociales. Elle explique l'histoire des peuples, leurs révolutions, leurs chutes, et dévoile le mystère des modifications de leur existence.

Dans la vie de toute société, comme dans celle de tout homme, il y a donc trois époques caractéristiques et distinctes, qui se reproduisent d'une manière généralement invariable.

La première de ces époques, c'est le moment de la formation; l'âge héroïque; la vie active, aventureuse, mouvementée; la vie de guerre et de conquêtes; ces heures de jeunesse où l'être social se dilate, s'épanche et détermine les limites où il doit accomplir son évolution; en un mot, l'enfance.

La seconde époque, c'est la vie dans sa plénitude, à son plus haut développement; la vie dans sa marche calme, régulière, puissante, harmonieuse; la vie à l'apogée de la force morale et de la force physique; ce moment où une société est arrivée à son degré supérieur et dernier de dilatation matérielle et intellectuelle; cette heure solennelle et féconde où elle se repose dans la conscience de sa propre individualité: l'âge viril.

La dernière période, c'est la vie dans sa décroissance; la vie sur son déclin; l'époque triste et fatale de la dissolution, de la décrépitude. Ce ne sont plus ces jours radieux de force et de pensée où éclataient le génie de la guerre et le génie social ; c'est l'époque sombre du naturalisme, du culte de la matière ; l'époque de l'avilissement des principes, de l'abandon de toute certitude religieuse, politique et sociale, l'époque sinistre de l'ébranlement de toute foi ; phase inféconde où tout chancelle, où toute lumière s'éteint, où les énergies s'émoussent, où les caractères s'effacent ; période lugubre de décadence politique et de dégradation morale, où toute chose tombe, où rien ne se relève. C'est la vitalité qui abandonne le corps ; c'est le flot qui se retire, le soleil qui descend, la nuit qui s'abaisse, la fin qui approche : la vieillesse.

Ces trois époques sont bien marquées dans les progressions ascendantes et descendantes de la vie des peuples.

Lorsqu'un peuple commence, il est obligé de lutter avec l'énergie de la jeunesse contre les forces de toute nature qui se lèvent contre lui, contre les obstacles qui s'opposent à sa formation : ce sont les voisinages de races, le climat, la terre même. Il a besoin de tout conquérir. Il faut donc qu'il se débatte contre la nature, qu'il dépense à l'extérieur sa surabondance de vie, s'il ne veut être dominé et subjugué par les élémens contraires. C'est pendant qu'il est jeune qu'un peuple doit jeter ses racines, fixer sa lance dans le sol, étendre et tracer ses frontières, poser les principes fondamentaux qui seront les bases et les germes de tous ses développemens. Toute nation commence par la guerre pour finir par la paix. A l'origine de toute existence, nous voyons le travail, et au milieu le repos. La guerre est le travail d'un peuple, et la paix, c'est-à-dire le repos, voilà la conséquence de ce travail.

Mais, après ces siècles d'action et de formation, après les fatigues et les douleurs de ce long enfantement, ce peuple s'arrête. Son regard se reporte sur lui-même; il se voit, il s'admire, il se sent vivre, il a la conscience de sa puissance et de sa supériorité. Alors, il s'assied dans sa force, comme le lion sur le milieu du jour. C'est le moment du travail interne, de la fécondation de la pensée, des élancemens de l'Art, de la contemplation et de la reproduction du Vrai, du Beau, de l'Utile ; ce sont ces siècles magnifiques des Sémiramis, des Sésostris, des Salomon, des Périclès, des Auguste, des Léon X, des Médicis, des Louis XIV. Voilà les heures les plus sublimes des peuples; ces heures rayonnantes où ils ont atteint, par un développement harmonique et régulier, le point le plus élevé de leur destinée.

Toute force d'ascension est limitée ; il est un point où son action cesse et cède à la loi de gravitation. Ainsi, quand un peuple a passé par ces deux phases de jeunesse et de virilité, une loi le pousse vers le versant opposé des hauteurs qu'il vient de gravir ; il descend, attiré en bas, comme tous les corps graves. D'un pas rapide et insensé, il court sur ces pentes fatales. Parfois il y fait un temps d'arrêt ; mais la résistance épuise ses forces, son âme est usée, ses muscles vieillis, et il reprend bientôt sa course sur les chemins des abîmes. Il n'a pas le sentiment de sa chute. Les hallucinations de l'agonie enflamment son cerveau ; il croit monter à la lumière et aller à la vie, tandis qu'il descend dans la nuit et qu'il va à la mort. — L'heure suprême, elle aussi, a ses voluptés et ses ivresses. — Mais, arrivé là, un peuple a vécu. L'histoire n'a plus qu'une tâche, celle de noter l'heure de cette mort sur le froid et impérissable granit de ses pages...

Ainsi, tout peuple, comme tout homme, a sa jeunesse, son âge viril, sa vieillesse. Et cela, parce que tout ce qui s'agite sur la terre naît, vit et meurt; parce que tout commencement nécessite une fin; parce que la vie appelle la mort; parce que Dieu n'a donné l'immortalité de la terre à aucun être vivant, soit peuple, soit individu. — Toute durée est limitée.

Ce commencement et cette fin de toute chose, voilà l'inexorable et inflexible loi du temps. Tout ce qui a vie est soumis à cette loi, et se meut dans cette loi.

Les grandes solitudes de l'Asie, les côtes désertes et brûlées de l'Afrique, les immenses ruines de l'Inde, de l'Égypte, de la Grèce, de l'Italie, toutes ces innombrables pierres qui pleurent, voilà les preuves du fait qui nous frappe, voilà les actes de cette loi.

En face de cette destinée qui nous pousse ainsi tous inexorablement, hommes et peuples, à la même vie, à la même mort, qui ne se sent saisi d'une invincible tristesse? Un rapprochement inévitable se fait en notre esprit, entre la terre toujours jeune, toujours féconde, dont les mains généreuses donnent à tous et le pain de la vie et le repos de la mort, et l'homme et les sociétés qui vieillissent et qui s'éteignent. En effet, au milieu de cette mobilité de toutes les existences, la nature nous frappe par sa permanence et son immobilité. Les races succèdent aux races; les sociétés se forment et sont emportées par je ne sais quel souffle puissant; les générations s'élèvent et s'affaissent, et, dans ce flux et reflux incessant, la terre nous apparaît toujours la même, dans son éternelle jeunesse et son inaltérable sérénité. La nature ne cesse d'être belle et de sourire à l'enfant comme au vieillard; rien ne tarit la fécondité de ses entrailles; elle ne refuse jamais sa mamelle; elle donne à tous son lait, même à ses fils ingrats. Vient un temps, il est vrai, où elle semble s'endormir et se reposer ; mais ce n'est là ni le sommeil, ni le repos, ni l'absence de la vie. Dans ces jours de silence et de froid, elle vit, elle travaille ; et un jour ce labeur, qui n'est plus à la surface, ce labeur latent et sourd de renouvellement, éclatera en jaillissemens de sève, en épanouissemens de végétation.

Au sein de cette incessante vie, l'homme seul ne renaît pas.

Dès les premiers temps, l'homme a été frappé de la rapidité de son passage sur la terre. La Bible est remplie d'images de la brièveté de ses années. Elle dit : « Les jours de l'homme fuient » comme l'ombre... ils se dessèchent comme » l'herbe... ils flétrissent comme la fleur... ils » passent comme une veillée de nuit... comme » le nuage... comme le navire qui traverse l'ho- » rizon... Les eaux de la mer se retirent, les » fleuves tarissent ; l'homme, lorsqu'il a passé, » ne revient plus... »

A chaque page des Livres Saints nous trouvons cette plainte de l'homme, tant elle est vraie, tant elle est le cri de sa chair.... Mais ce qui console cette amère pensée, ce regret d'un bien qui échappe, c'est l'espérance d'une meilleure vie.

Car la mort n'est pas la fin, n'est pas la destruction absolue ; c'est la transformation, le passage à cette existence élevée, permanente, dont nous avons tous en nous, au plus profond de notre conscience, l'instinct, le désir, le sentiment impérissable. Si l'homme ne peut se relever dans le temps, il se relève au-delà du temps. Cette pensée éclairait la sombre douleur de Job ; et après avoir jeté ses clameurs désespérées, un cri d'espoir, une aspiration vers cet avenir s'échappait de son âme. Voilà pourquoi saint Paul s'écriait : « Qui me délivrera de ce corps » de mort ! » Voilà pourquoi le roi d'Israël, qui avait passé ses années dans l'étude de la sagesse, écrivait ces paroles tristes et profondes : « Le » jour de la mort est meilleur que celui de la naissance. » — Les austères disciples de Pythagore disaient, eux aussi : « L'âme est ensevelie » dans le corps comme en un tombeau... »

Une autre pensée vient encore nous élever au-dessus de ces découragemens. Si l'homme, si les sociétés disparaissent, il est ici-bas quelque chose d'aussi permanent que la nature, qui ne passe pas, qui ne périt pas : c'est l'humanité. Elle survit à tous ces phénomènes isolés, à ces éclipses, à ces morts individuelles et collectives, sans jamais rien perdre de sa vie et de sa fécondité.

Les sociétés sont des formes passagères au sein de la permanence de l'humanité. Leur formation, leur existence, leur extinction, ne sont que des manifestations qui n'altèrent en rien la perpétuité de l'humanité : ce sont les vagues de cet océan immense. Mais chaque société, comme chaque homme, a quelque chose d'impérissable qui lui survit : c'est son génie, c'est son intelligence, c'est son idée. Voilà l'héritage que toute civilisation laisse en s'éteignant, voilà le trésor qu'elle n'emporte pas dans sa tombe. Cet héritage, ce dépôt, ce trésor, ce quelque chose qui ne périt pas, cette âme des peuples, voilà la tradition. Tous, individus ou sociétés, déposent leur obole dans ce trésor commun.

L'humanité n'est jamais immobile. Elle progresse incessamment, et se développe en revêtant des formes nouvelles qui marquent les phases successives de son évolution. Toutefois, comme la nature, elle a ses heures de repos et d'attente, ses époques de transformation, de crise et de douleur. Mais, si elle a ses nuits et ses hivers, elle a aussi ses jours de résurrection, de sève, de vie et de lumière. — Les générations qui verdissent, voilà les printemps de l'humanité. — La loi du progrès agit donc toujours sur elle, et la fait passer par des transformations qui s'élèvent en se succédant.

Il est impossible de nier l'action et la marche régulière de cette loi, qui, depuis de longs siècles, a déjà rompu le cercle primitif de la famille, celui de la tribu, celui de la cité, pour s'exprimer dans une forme plus large et plus parfaite, les nationalités. Cette dernière forme doit-elle se dilater encore pour prendre un caractère définitif d'universalité? Les nationalités sont-elles destinées à disparaître devant une expression plus générale et plus complète? Les groupes divers de sociétés doivent-ils un jour être ramenés au principe unitaire, et la période suprême rêvée par l'inspiré de Pathmos se trouverait-elle ainsi réalisée?...

II.

COMMENT LES PEUPLES FINISSENT.

———

Pour les sociétés, comme pour les individus, l'heure de la décadence, de la vieillesse, est plus ou moins prématurée, selon leurs élémens de durée, la vitalité des principes qui les constituent, et aussi selon l'usage et l'abus qu'ils ont fait de ces élémens et de ces principes.

Les peuples ont leurs vieillesses anticipées et leurs morts précoces.

Une société qui viole les lois de son existence,

qui oublie les trois dogmes supérieurs qui lui servent de base, dogme religieux, dogme politique, dogme social, cette société est finie. Hors de ces trois termes, elle aura beau chercher la vie, elle ne la trouvera pas; elle est destine à périr.

Les révolutions sont les débauches des peuples. — Un corps social usé dans ces ardentes débauches des passions révolutionnaires est comme un corps d'homme usé dans les débauches de la chair. Tous les deux ils vont d'un pied débile heurter la pierre du sépulcre. — Un peuple dévore sa vie comme ces jeunes hommes qui, des ivresses de la jeunesse, sautent d'un seul bond aux heures flétries et cruelles de la caducité, de la décrépitude.

Lorsqu'une civilisation est sur son déclin, c'est-à-dire lorsquelle a épuisé tous ses élemens de vie et violé tous ses principes générateurs, où est la force humaine qui pourra lui faire remonter les pentes rapides sur lesquelles elle s'est jetée? — Nul ne peut promettre la vie, nul ne peut donner la vie à un peuple qui descend dans la mort et qui veut la mort. — Toutes les voix sages et sensées n'ont qu'un devoir, celui de crier à ce peuple de revenir sur ses pas, — car le chemin qu'il suit est le chemin de la tombe, — de rentrer dans la vérité de sa constitution et de sa nature, et de se hâter de reprendre le sentier qu'il a oublié, et qui mène à l'avenir. — Mais, rarement, à ces heures-là, un peuple écoute ces voix dévouées...

Aux époques douloureuses où les crépuscules précurseurs de la mort s'abaissent sur une société, l'on voit surgir des hommes d'élite, des âmes ardentes et généreuses, qui tentent de suprêmes efforts pour retarder l'heure fatale qui approche. Ils dépensent tout ce que leur puissante organisation a d'énergie pour faire rebrousser chemin à ce peuple vieilli ; mais ils succombent ordinairement dans cette lutte gigantesque. — L'histoire est remplie de ces héroïques dévoûmens.

Au déclin de la civilisation grecque, après qu'elle eut réalisé son idéal sous les beaux jours de Périclès, on vit deux hommes puissans par le cœur, par le bras, par la parole, essayer de lutter contre la tendance aveugle de leur époque. Lorsque le soldat macédonien montra sa tête farouche au-dessus des âpres montagnes de la Thessalie, la Grèce n'avait plus que deux hommes : l'homme de la pensée et de la parole, l'homme de l'action et de l'épée, l'orateur et le général, Démosthènes et Phocion. Ces deux hommes se levèrent, seuls, contre Philippe. Et quelle fut leur fin ?... Le premier s'empoisonna pour mourir libre. Et Phocion, le dernier représentant de la nationalité grecque, dont les mœurs et le courage protestaient énergiquement contre la décadence d'Athènes, *la hâche de mes discours*, comme l'appelait Démosthènes, Phocion tomba victime de son amour pour son pays. Peu de morts ont été aussi tragiques, aussi douloureuses. Il fut broyé par ce mouvement fatal qu'il voulait arrêter. Une pauvre femme recueillit ses os, et les cacha sous son âtre.

Les luttes de la démocratie contre l'aristocratie épuisèrent la Grèce. Le despotisme de tous tua la liberté et amena les Barbares. Alexandre acheva ce peuple. — Ainsi, la Grèce tombe parce qu'elle ne croit plus ni à ses dieux, ni à son génie, ni à elle-même; et elle tombe sans cette dernière gloire des nationalités vaincues, la poésie du désespoir... La voix qui pleurait la mort du dieu *Pan* pleurait sur le tombeau de la Grèce.

Contre le mouvement qui emporte l'antique et véritable Rome, la Rome de la République, contre ces tendances nouvelles qui amèneront sa dissolution, Pompée succombe; Caton succombe; Brutus, malgré sa sombre énergie, succombe; Cicéron, le dernier et le seul défenseur de l'ancienne forme politique, succombe. Tous ces hommes périssent dans une lutte impossible. Ils en reconnaissent eux-mêmes, un jour, l'inutilité et l'inégalité. Caton n'attend pas César, ni Brutus Octave. Leur dernier refuge est une mort volontaire. Cette mort clôt une période sociale, la période vraiment nationale et romaine, et commence la troisième transformation de cette forte nation qui avait déjà usé deux formes politiques, épuisé deux vies. — Là, comme en

Grèce, la démocratie se dévore elle même; elle s'exprime par l'absolutisme de l'Empire, et la liberté va s'éteindre dans les sanglantes orgies de Tibère et de Néron. Après César, Rome n'est plus Rome. Le sentiment national s'est effacé. La cité se dissout; elle ouvre ses portes au monde, et le Barbare y entre le front haut, le pas assuré. Le Gaulois lui-même vient s'asseoir sur les bancs du Sénat. Tous les peuples arrivent à Rome, et avec eux tous les dieux. Et on entend des voix lamentables qui disent : « *Les dieux s'en vont !* » les dieux de Rome. Parole profonde et désespérée d'une forme sociale qui s'éteint.

Rome périt comme Athènes, comme toutes les sociétés, par l'anarchie, c'est-à-dire pour avoir violé et méconnu son principe constitutif, pour avoir perdu, avec sa foi religieuse, sa foi politique et sa foi sociale.

L'âme des peuples s'envole et s'évanouit avec leur génie religieux.

Maintenant, si nous reportons nos regards sur nous-mêmes, au milieu des signes de décomposition qui se révèlent de toutes parts, nous nous sentons malgré nous poursuivi par un doute. Invinciblement nous sommes amené, comme tout homme qui pense sans doute, à nous poser ces douloureuses questions : La France, à l'heure qu'il est, fait-elle sa dernière étape? Touche-t-elle à la fin de cette période extrême de la vie des peuples que nous avons définie plus haut? Descend-elle ou monte-t-elle? En passant par les mêmes phases, en se jetant dans les mêmes extrêmes, en posant les mêmes négations et adorant les mêmes chimères, est-elle destinée à finir misérablement comme ces peuples que nous venons de nommer?... La France a singulièrement abusé de la vie ; et le désolant spectable auquel nous assistons, n'est-il pas la suite de ces longs abus? Car il y a une loi de justice qui poursuit les peuples dans leurs fautes, et dans les conséquences de ces fautes...

Certainement nos douleurs sont vastes ; mais, malgré tous ces symptômes de dissolution, nous n'aurons pas la faiblesse de jeter là toute espérance.

Car, si la France souffre, elle souffre par sa faute. Le mal ne lui vient pas du dehors. C'est elle-même qui s'est blessée.

Mais ce mal n'est pas sans remède ; ces blessures ne sont pas incurables...

— Pour les peuples, et pour nous aujourd'hui, il est encore un autre signe de vieillesse : c'est ce besoin d'expansion, cette passion de transmission et de procréation dont ils sont pris sur leurs derniers jours.

Un peuple qui se sent finir veut toujours laisser un prolongement de son être ; il répand sa pensée, son génie, sa vie même, autour de lui ; il s'ouvre à tous et se donne à tous. Cet acte généreux l'épuise. C'est ainsi que Rome s'épancha sur le monde, et s'affaiblit dans cet acte créateur.

Une société ne peut accomplir ce travail de fécondation, véritable œuvre de génération sociale, que lorsqu'elle a déjà atteint le point le plus élevé de sa force et de son développement. Cette nourriture qui est sa propre substance, cet allaitement, ce sang, cette pensée, toutes ces choses qu'elle perd et qu'elle donne, diminuent l'intensité de sa vie interne. C'est toujours au préjudice, au détriment de sa propre existence, qu'elle engendre à côté d'elle une nouvelle société.

Un être ne transmet la vie qu'afin que la vie ne s'éteigne pas. Cet acte est instinctif chez lui. Et un être qui a accompli cette loi souveraine n'a plus qu'à décliner et à mourir. Il en est de même d'un peuple. Lorsqu'il est sous l'empire de cette loi de la génération, qui chez lui s'exprime par un incessant besoin d'expansion et de transmission, il touche à la décadence.

Ce n'est pas la France seulement, mais la vieille Europe, qui semble être sous l'influence de cette loi. Deux mondes l'attirent invinciblement hors de son centre : les terres nouvelles de l'Amérique et cette antique terre de l'Orient qui, elle-même, s'est depuis longtemps épuisée pour l'Occident. La vie de l'Europe rayonne donc en deux sens opposés. — Si le monde de Colomb nous appelle et tend à nous absorber, le monde oriental nous attire aussi vers lui pour nous demander cette vie de la civilisation qu'il a perdue. C'est le mouvement inverse des temps antiques qui s'opère. L'Europe, aujourd'hui, joue le rôle des vieilles sociétés orientales. Après avoir été primitivement enseignée par elles, elle devient à son tour leur institutrice.

Cette tendance d'expansion vers deux mondes, l'un nouveau, l'autre éteint, est un fait que l'on ne peut s'empêcher de constater, quoiqu'il éveille en nous de pénibles pressentimens, et qu'il soit encore un symptôme de décomposition.

Toutéfois, cette loi, dans son application aux sociétés modernes, n'est peut-être pas toujours absolue et invariable dans ses effets. Quoiqu'il ne soit que trop vrai qu'un être ne peut donner la vie sans perdre quelque chose de sa substance, l'Europe a en elle des ressources infinies et des agens réparateurs dont elle n'a pu encore épuiser l'intensité féconde.

La France surtout, au milieu des peuples de l'Occident, possède des énergies secrètes, des puissances vitales, des ressorts, dont l'action peut un moment être suspendue, mais qui sont loin d'être brisés.

En effet, lorsqu'on remonte aux sources mêmes où s'alimente la vie des peuples, on ne tarde pas à s'apercevoir que ces sources secrètes sont plutôt négligées et oubliées que taries et perdues pour notre pays. La France possède un élément de durée qui manquait aux sociétés antiques, un principe dont l'efficacité l'a faite grande, libre, forte, et dont la vitalité n'est pas encore éteinte. Cet élément qui forme la constitution intime de son être, ce principe supérieur qui l'a créée et qui la conserve, c'est le Christianisme. — Il n'est pas de société humaine qui ne repose sur un dogme générateur. Aucune civilisation ne peut vivre sans un fondement divin. Voulez-vous connaître le génie d'un peuple et pénétrer le secret de sa vie intime, initiez-vous au génie de sa religion, découvrez les rapports qui le lient à la pensée divine. Tout le problème de son évolution est contenu dans ce premier principe, dans cette notion primordiale ; politique, philosophie, art,

droit, tous ces rayonnemens de son génie ne
sont que des épanchemens de l'idée religieuse,
des écoulemens de cette vérité initiatrice.

Étudier l'histoire d'un peuple en ne tenant
nul compte de sa conception de Dieu, en né-
gligeant ce fluide divin qui porte la chaleur à
tous ses membres et dans chacune de ses veines, c'est chercher les mystères de la vie sur un
cadavre ; on a, il est vrai, devant soi un corps,
mais un corps sans âme. Séparez donc le Poly-
théisme des civilisations antiques; séparez la Bible
du Judaïsme, le Coran de l'Islamisme, l'Évangile
des sociétés modernes. — Institutions politiques,
institutions sociales, toutes les manifestations
diverses de la vie d'une société, c'est la réalisation, l'incarnation de son dogme. On ne connaît
véritablement la pensée, la nature, la constitution d'un peuple, la substance nécessaire à
son alimentation et à son développement, que
lorsqu'on est remonté aux sources premières de
sa vie, que lorsqu'on a pu épeler les caractères
mystérieux de cette charte invisible, permanente,
sacrée, qu'il a reçue, avec l'existence, des mains

même de Dieu. Tout peuple a eu son Sinaï et son Moïse. N'oublions pas que les sociétés ne sont pas l'œuvre de l'homme, mais l'œuvre de Dieu, comme la nature, comme tous les corps. La même main a lancé dans le temps les peuples et les astres. Le législateur ne transforme pas la nature humaine, il n'invente pas la machine, il ne crée pas la société ; il n'est que l'instrument, l'ouvrier choisi de Dieu ; c'est une tête plus élevée que les autres, et qui est frappée plus directement, et à une heure plus matinale, des rayons de l'éternelle vérité, de l'immuable loi.

Avant de regarder la face de l'homme, il faut toujours regarder la face de Dieu.

Le génie d'une nationalité est dans le génie de sa religion. Ainsi, notre génie, le génie de la civilisation française, c'est l'Évangile ; son âme, c'est le Christ.

C'est donc dans le Christianisme qu'est la raison de la formation, de l'existence, de la durée et de l'avenir de la France.

Ainsi, les nations modernes et chrétiennes ont des conditions de vie que n'avaient pas les na—

tions antiques. Fondées sur le paganisme, écloses du paganisme, étant une production de l'erreur érigée en dogme, ces sociétés n'ont pu avoir qu'une durée limitée, variable, inconstante, et mesurée sur la force d'impulsion de ce principe. Le Christianisme, au contraire, reposant sur l'Unité suprême dont il est la manifestation vivante, la réalisation dans le temps, et ayant pour base la Vérité souveraine d'où toute vie découle, et qui enfante toujours sans jamais s'épuiser et se détruire, le Christianisme ne manquera jamais et suffira toujours à toute société qui se développera en lui et qui lui restera fidèle.

La vérité seule ne change pas; elle seule est inaltérable, inépuisable et permanente. — Ce n'est donc pas elle qui abandonne les peuples, mais les peuples qui l'abandonnent. — Car, avant tout, les peuples, comme les individus, sont libres. Ils ont une fin vers laquelle ils doivent tendre, et ils y tendent librement. L'acte par lequel ils abandonnent et repoussent leur dogme primitif est un acte de leur volonté libre. Mais cet acte est un crime qui porte avec lui son châtiment.

Jamais un peuple ne sort impunément de la vérité de sa nature. Jamais il ne viole les lois constitutives de son existence et n'abandonne son dogme religieux, sans être rudement châtié par cette main invisible qui frappe le front des rois comme le front des peuples. Dieu tient toujours prêt dans quelque coin de la terre l'exécuteur de ses sentences. Le monde asiatique est suspendu sur nous, comme autrefois le monde Barbare sur Rome. — L'action de Dieu est visible dans la marche de ces hordes farouches, de ces faucheurs d'hommes, qui s'abattaient de toutes parts sur la ville éternelle. Écoutons ces étranges dialogues. — Un moine arrête Alarik sur le chemin de Rome, et le prie à genoux de pardonner à cette ville : « Ce n'est pas ma vo-
» lonté que j'exécute, répond le chef Visigoth ;
» mais quelqu'un me pousse et me précipite sur
» Rome. »

« A qui veux-tu porter la guerre ? dit le pi-
» lote à Gensérik. — A ceux contre qui Dieu

» est irrité. — Mais à quel rivage veux-tu abor-
» der? — Là où Dieu me poussera. »

« — L'étoile tombé, la terre tremble, disait
» Attila, et je suis le marteau de l'univers. » —
Tout le monde sait que le chef des Huns s'appelait lui-même le fléau de Dieu, *Flagellum
Dei*. — « L'herbe se dessèche, disait-il dans
» son enthousiasme farouche, là où le cheval
» d'Attila a passé. »

Tous ces exterminateurs s'avouaient les ins-
trumens aveugles d'une puissance invisible à laquelle ils ne pouvaient résister. Ils sentaient tous
sur leur épaule la pression de cette main de fer
qui les poussait en avant vers un but inconnu,
mystérieux...

Que Dieu éloigne de nous ces génies de la
destruction !

Une société qui renie sa foi religieuse a bientôt renié sa foi politique et sa foi sociale. C'est
la logique qui l'entraîne et la précipite sur ces
pentes fatales. Elle ne peut se dérober à cette
action irrésistible, impérieuse, qui la pousse. De
la première négation elle arrive forcément et né-

cessairement à la seconde, puis à la troisième, puis à la mort.

Voilà comment les peuples finissent!

Ils périssent par l'abandon de leur dogme religieux. Cette première négation contient toutes les autres. — C'est là l'unique secret, l'unique cause de toutes ces grandes chutes sociales. Voilà aussi la raison de ces défaillances qui nous assiègent chaque jour, de ces inquiétudes immenses, de ces agitations désespérées, de ces douleurs que rien ne peut calmer. Il faut le dire sans détours, c'est parce que la France a oublié qu'elle était chrétienne, qu'à l'heure qu'il est, elle souffre, elle cherche, elle appelle, elle erre, inquiète comme un homme égaré dans la nuit et qui désespère de retrouver son chemin. — Il n'est que trop vrai, les peuples périssent par leur faute.

Prenons un éclatant exemple de la vérité du fait que nous signalons, et de l'action de cette implacable logicienne qu'on appelle la Providence. — Aussi bien, à chaque pas sur la route des siècles, nous rencontrons de ces ruines de peuples dégradés, de ces débris de vases brisés, qui attestent le choc de cette main puissante.

En étudiant les lois de la vie et de la mort sur les nations éteintes, sur tous ces membres desséchés, malgré l'intervalle qui nous sépare, nous ne saurions rester indifférens. Car ces peuples qui nous ont précédés dans la vie et dans la mort sont nos aïeux, nos pères; ils nous ont laissé quelque chose de leur substance, quelque rayon de leur âme; nous entendons encore leur voix lointaine, et la plainte éternelle qui transpire de leur tombe, c'est l'avertissement que les siècles passés donnent aux siècles nouveaux.

L'Orient, cet ancêtre de toutes les civilisations, qui le premier reçut les rayonnemens de la beauté et de l'amour infinis, l'Orient a épuisé depuis longtemps ses destinées. Il est couché dans ses sables, morne, muet et immobile comme son désert. Où sont ses cités bruyantes, aux hautes tours, aux enceintes colossales, où s'agitaient d'exubérantes populations? Qui les a effacées ainsi de la terre? qui les a nivelées comme ces petits cônes bâtis par les fourmis et que le pied du voyageur écrase?.... C'est Dieu qui les a broyées sous son orteil en un jour de colère. Maintenant ce ne sont que des ossemens arides, *ossa arida.*

Pourquoi donc l'Orient est-il mort? C'est qu'il n'a pas fait son devoir ; c'est qu'il a abusé de la vie ; c'est qu'il a repoussé la lumière et a voulu éteindre le flambeau que Dieu lui envoyait.

L'Orient est mort par sa faute. — Nous savons qu'il existe une corrélation mystérieuse et logique entre les faits et leurs conséquences. Les crimes engendrent leur châtiment. C'est cette haute et souveraine justice qui, dès ce monde, se révèle, et frappe irrévocablement les peuples comme les individus. — Si les races, si les peuples dégénèrent, remontez un peu dans leur vie, et là vous trouverez infailliblement la raison de leur décadence. — Celui que la justice humaine ne peut atteindre, la justice de Dieu le poursuit et le prend par les cheveux.

Si nous cherchons la raison supérieure de la chute de l'Orient, il nous sera facile de la reconnaître dans le mépris qu'il a fait de ces lumières qui, depuis le commencement, s'étaient épanchées sur lui. En effet, la vérité s'était manifestée à lui à des heures nombreuses et solennelles ; elle lui avait parlé par la révélation primitive, paradisiaque, par la révélation patriarcale, par la révélation mosaïque, par mille organes différens.

Dans Éden, dans les solitudes iduméennes, sur l'Ararat, sur le Sinaï, dans la Galilée, sur le Thabor, sur le Golgotha, à plusieurs reprises l'unité divine se révèle et éclate sous ce ciel profond, sur cette terre embrâsée de l'Asie. L'Esprit de Dieu remplit l'immensité du désert ; des voix y chantent l'hymne radieux de l'adoration et de l'amour ; les prophètes disent les siècles nouveaux ; chaque pierre rend un son divin ; chaque écho répète un oracle ; la terre est saisie d'un saint tressaillement... Mais l'Orient a perdu le sens de ces voix mystérieuses. Il ne veut plus entendre, il ne veut plus voir. La Raison souveraine, la Vérité suprême, le Verbe s'incarne dans l'homme ; l'Orient le cloue à une croix...

Dieu avait assez fait pour cette terre aveugle et sourde. Il lui voile sa face et l'abandonne à la nuit.

A la mort du Christ, la déchéance de l'Orient est donc prononcée. C'est aux pieds de cette croix qu'il a lui-même dressée que se closent les profondes destinées de ce monde qui vit l'enfance de l'homme. Dès ce moment, ce grand initiateur des peuples a fini sa mission; sa vie est brisée; son front se courbe sous la dernière parole du Verbe expirant pour l'humanité. La parole de vie va réveiller un autre monde; et l'Occident, qui dormait sous ses âpres forêts, s'agite et se lève pour aspirer ces tièdes souffles, ces voix nouvelles qui passent.

Mais, s'il y a une loi de justice, il y a aussi une loi de miséricorde. A côté de la volonté qui punit, est la volonté qui pardonne. Ainsi, ne vous semble-t-il pas que l'Orient se remue, que le travail de la résurrection fait tressaillir son sépulcre?... Le terme de sa longue expiation est-il enfin arrivé? La chaleur va-t-elle revenir à ce corps refroidi, la lumière à ce monde éteint?... Secoue la poussière qui couvre ta face, vieux pays de nos rêves, patrie des hautes visions et des sublimes auditions ! Nos yeux te cherchent et pleurent !...

— Quand la foi religieuse s'éteint dans une société, la morale, qui est la loi suprême, la force vitale, l'élément de cohésion, manque de base et de sanction; elle est bientôt violée et méconnue. — Celui qui ne croit plus à Dieu ne peut croire au droit. S'il a de la logique dans la tête, il niera aussi le devoir et ne l'accomplira pas.

Alors tout lien social est rompu. Car, dès qu'il n'y a plus d'obligations, il n'y a plus d'obligés. De même, s'il n'y a plus de devoirs, il ne peut exister de droits. Les droits découlent des devoirs. L'accomplissement du devoir est antérieur et supérieur à l'exercice du droit. — Il n'est pas digne du droit celui qui méconnaît le règne du devoir.

Les sociétés chrétiennes reposent sur la notion du devoir. Dès que cette notion s'obscurcit et s'altère dans les esprits, la notion du droit s'obscurcit aussi et s'altère. L'harmonie est troublée; l'ordre moral et l'ordre matériel n'existent plus, car l'un est la conséquence de l'autre. Cette société s'ouvre de tous côtés aux élémens de destruction; elle sort de ses principes constitutifs; elle oublie son but d'activité; son mouvement progressif s'arrête; elle flotte au hasard, livrée à toutes les ambitions, à toutes les convoitises, à toutes les violences, à toutes les hontes; la dissolution, la décadence, la décrépitude politique, la désorganisation sociale, les douleurs sans consolation, les misères incurables, toutes les désolations descendent sur elle, et elle s'éteint et s'immobilise dans les ombres glacées de cette nuit morale.

Tous les peuples qui ont abandonné la loi évangélique se sont affaissés dans la barbarie et l'esclavage. Les ressorts de leur vie ont été brisés ou voués à l'impuissance et à l'immobilité absolue. La dégradation morale et la misère physique de l'homme se sont aussi profondément gravées sur le sol, comme en Asie et en Afrique où la terre elle-même a été frappée de slérilité et s'est desséchée. — La servitude n'est jamais féconde. — Le manque de foi mène à la mort. Là où est la foi, là est la vie, là est l'avenir. La force morale, l'ascendant qui commande, marchent avec la conviction.

La foi fait plus que transporter les montagnes, elle transporte les hommes et fait vivre les peuples.

Mais si les peuples qui abandonnent leurs dogmes ont leur déclin, par leur retour à ces dogmes ils peuvent avoir leurs renaissances. S'il y a des morts, il y a aussi des résurrections. C'est le paralytique qui se lève et emporte son lit; c'est Lazare qui soulève le couvercle de sa tombe. Mais ce n'est pas tout de dire à ce corps glacé : Lève-toi et marche! Il faut que Dieu lui insuffle une vie nouvelle, une chaleur nouvelle, une jeunesse nouvelle; il faut que son haleine lui rafraîchisse le front; il faut qu'il reverdisse sous l'inspiration, sous le souffle céleste.-En un mot, un peuple qui se voit périr n'a qu'un moyen d'éviter la mort : c'est de se replonger dans sa tradition, de se retremper à la source primitive

de sa vie, et de revenir à ses dogmes inspira-
teurs et immortels.

Le Christianisme a présidé à toutes les destinées de la France, aux plus humbles comme
aux plus éclatantes. Dès le berceau, il lui a inspiré ce profond sentiment de l'unité politique
qui est devenu une loi essentielle de sa vie de
nation. C'est dans l'énergie féconde et inépuisable de ce principe qu'elle a trouvé sa puissante
vitalité, son action, sa position, son influence,
sa force, son initiative au sein des peuples, enfin
toutes les conditions de son magnifique passé, qui
sont encore les conditions de son avenir. Et cependant, la France semble avoir oublié tout cela
en un jour de tempête. Quelques hommes et quelques heures ont désorganisé ce que quatorze siècles avaient organisé et fécondé. — Après cela,
il est des esprits naïfs qui s'étonnent de notre
marche irrégulière et boiteuse.

Il faut plus de temps pour édifier que pour
détruire. Lorsque l'édifice est à terre, tout
ouvrier et tout outil ne sont pas bons pour le
relever. On ne sait pas assez ces choses,

Malgré tout, nous repoussons bien loin la pensée désolante de prédire à notre pays les douloureuses destinées des sociétés païennes. La France est essentiellement chrétienne d'origine, d'instincts et de cœur. Son existence est attachée à ce dogme. Mais, si elle veut vivre d'une vie nouvelle, il faut de toute nécessité qu'elle soit encore ce qu'elle a toujours été, ce qu'elle n'est pas assez, ce qu'elle n'est plus peut-être, je veux dire chrétienne.

Ainsi, elle se dilatera dans l'avenir, à la condition expresse qu'elle ne se séparera pas du dogme qui a présidé à sa formation et à ses développemens, qu'elle se replacera sous son influence vitale, et qu'elle rentrera dans la vérité de sa constitution.

Vérité religieuse, vérité politique, vérité sociale, voilà les trois élémens, les trois principes, les trois conditions supérieures de vie pour la France. Hors de ces trois termes, elle ne trouvera que désordres, qu'impuissances, que douleurs, que stérilités, que misères, que tâtonnemens, que secousses, qu'angoisses, et,

au bout de tout cela, sa mort comme nation. —
Il est dur de dire ces choses; mais comment les
taire, lorsqu'on a la conviction que c'est la vérité? Et pour nous, cette conviction est intime,
rationnelle, évidente, profonde, inébranlable.

Maintenant, si la France veut périr, elle est
libre de renoncer à la vie. On a vu des peuples
se suicider.

Quoi qu'il arrive, que notre pays veuille ou
ne veuille pas entendre la vérité, nous ne crain-
drons pas de la lui dire, et nous la lui dirons
jusqu'à ce que la pierre qui doit nous écraser
tombe de l'édifice qui croule... C'est notre devoir à tous; et rien n'est inflexible, rien ne commande comme un devoir.

Mais loin de nous la pensée de désespérer
de l'avenir de notre pays!... Non, la France
n'a pas encore tourné le dernier feuillet de son
histoire. Son œuvre n'est pas achevée. La mort

n'a pas encore glacé ses entrailles... Si nous posons la main sur nos poitrines, nous y sentons les tressaillemens et la chaleur de la vie. Notre sang a conservé les ardeurs de la jeunesse; il brûle nos veines! Oh! qui sait tout ce qu'il y a encore de force dans nos bras, de sève dans nos cœurs, d'énergie et de vertu dans nos âmes!

Toutefois, ne nous berçons ni de folles espérances ni de lâches découragemens. Voyons les choses d'un œil ferme, et laissons de côté toute hésitation. Sondons nos reins; interrogeons nos consciences et frappons nos poitrines! Car, quel est celui de nous qui n'a commis sa faute, qui n'a sa plaie secrète?...

Acceptons les rudes leçons du présent, et rappelons-nous que Dieu n'est jamais absent des choses de la terre. — Plus que jamais, nous sentons le poids de sa droite.

Nous sommes dans la crise la plus difficile, la plus décisive de notre existence de peuple; et nous le disons hautement, si nous ne périssons pas dans cette rude épreuve, si notre âme ne s'éteint pas dans les orgies de la lutte, si l'avenir doit être, non une lettre morte, non une porte fermée, il ne sera que par une réalisation plus complète et plus vraie du Christianisme au sein de la société. Le code suprême, la loi souveraine des générations futures, ce ne seront pas ces brutales théories, filles échevelées de Celui qui le premier a dit : « Non! » mais cette parole haute et sereine, ce livre de force, de vie et d'amour qui a déjà fait sortir un monde du sépulcre.

La société se sauvera, non avec des mots, mais avec des œuvres. Qu'est-ce que le Christianisme dans son application sociale? C'est le respect de tous les droits, l'accomplissement de tous les devoirs; c'est la loi de justice et de charité. Il ne faut donc ni fermer son cœur ni boucher ses oreilles. Il y a des souffrances réelles, des espérances légitimes, des besoins qui crient, des misères qui palpitent, des douleurs inconnues et innomées; écoutons ces plaintes, et travaillons à les secourir.

Ayons le courage d'entrer au cœur même de la question et de sonder les profondeurs de l'abîme. Ne nous persuadons pas que tout est fait, que tout est dit parce qu'un voile a été jeté sur la difficulté. Rien n'est fait, rien n'est dit. Le moindre souffle emportera ce voile; et le mal nous apparaîtra agrandi, et la plaie hideusement élargie.

Loin de défaillir et de désespérer, prenons l'initiative hardie des réformes nécessaires et des sages progrès. Montrons que nous ne sommes ni voués à l'immobilité ni condamnés à l'impuissance. Nos cœurs ne sont pas paralysés; le monde que nous habitons n'est pas une terre morte; le jour qui nous éclaire n'est pas un jour sans lendemain.

Il nous faut à tout prix ranimer le principe de la vie morale; réveiller le sentiment du devoir, restaurer le culte du droit. Les âmes se sont abaissées, travaillons à les relever. Proclamons le règne de l'Esprit sur les ruines de la matière; et au lieu de cette fraternité de la mort, fille des doctrines impies, donnons cette fraternité vivante, cette fraternité féconde, cette fraternité immaculée, seule fille de l'Évangile.

Aux clameurs des haines injustes répondons par l'hymne de paix et d'alliance, par la parole de réconciliation. Tendons une main amie à tous ces malheureux qui pleurent, à tous ces égarés qui nous maudissent sans nous connaître.

Apportons à cette œuvre de renaissance morale et de restauration sociale une âme agrandie, calme, purifiée au feu des douleurs, et non une âme exclusive, irritée, agitée de colères, et pleine de vengeances. Que la vie jaillisse de nos faits, de nos actes, de nos yeux, de nos lèvres, de notre être en entier, de chacun de nos pores. Montrons-nous les vrais initiateurs des générations qui approchent, et donnons-leur un lait pur qui ne les empoisonne pas dans le berceau.

Celui qui a la vie peut seul la donner. Rappelons-nous que l'avenir ne s'ouvre jamais à la main glacée des morts.

Que le sentiment chrétien du devoir s'élance donc hors du sanctuaire des cœurs et des âmes, qu'il jaillisse de toutes parts, d'en haut comme d'en bas, qu'il s'exprime dans la vie pratique et s'incarne dans nos institutions. Hâtons-nous d'effacer les mensonges, et que la parole vivante du Maître se grave, non pas seulement sur l'airain des tables de la loi, que l'homme brise, que le temps efface et dévore, mais sur ce dur et impérissable airain, la conscience humaine, l'âme du peuple.

Nous entendons dire : « Le temps est passé de parler de morale. Contre les instincts purement matériels qui ont fait explosion de toutes parts, que pourra faire le Christianisme? Ne vous livrez pas à la fascination d'un faux idéal, et n'endormez pas les esprits dans l'attente d'une espérance trompeuse. Le peuple a soif d'améliorations, de réformes matérielles. Voilà ce qu'il demande ; voilà l'appétit qu'il faut assouvir... »

C'est avec une douleur amère que nous avons entendu prononcer de telles paroles.

Il est vraiment déplorable que des hommes qui peuvent à toute heure lire dans ce livre toujours ouvert de l'histoire, ne veuillent pas comprendre qu'il n'est pas de gouvernement possible, ni de société possible, en dehors des voies logiques, des règles supérieures, des lois traditionnelles, essentielles, constitutives. — Vous voulez l'ordre sans le principe qui l'engendre, qui le conserve, qui le garantit, qui le représente ; vous voulez l'ordre sans une base solide, durable, inébranlable : vous ne l'aurez pas, vous ne pouvez l'avoir. Celui-là seulement qui a en lui le principe de force, de stabilité, de durée, peut seul donner l'ordre. Chercher l'ordre hors de ces élémens conditionnels, c'est chercher un point d'appui dans le vide, c'est vouloir trouver l'immobilité sur la surface éternellement mobile de la mer.

L'ordre social découle rigoureusement de l'ordre moral, hors duquel nulle vie ; et l'ordre moral, c'est l'ordre religieux qui engendre et domine toute civilisation.

Vos réformes purement matérielles ne produiront pas l'ordre, ne maintiendront pas l'ordre. Elles calmeront pour un jour, peut-être, une faim exagérée, des appétits désespérés ; mais elles ne les assouviront pas. Comment ferez-vous taire ces clameurs furieuses ? Comment ferez-vous baisser ces bras nus qui menacent de briser la société comme un frêle cristal ? Au nom de quel principe direz-vous à ces cœurs pleins de haines, à ces mains pleines de vengeances, à ces yeux avides de votre sang : « Éteignez vos torches, étouffez vos fureurs ; voici la barrière que vous ne pouvez franchir, c'est celle des droits. »

Qu'importe à ce peuple, ivre du vin de tous les désirs, cette barrière que vous élevez devant sa course effrénée, s'il ne sait plus ce que c'est que le droit, ce que c'est que le devoir. Il marchera sur vos canons, l'œil hagard, le cerveau pris d'horribles vertiges. Le canon fera le vide de la mort ; mais il ne tuera pas une idée. La mitraille balaiera la rue ; elle y fera l'ordre matériel ; mais l'ordre moral, cet ordre qui ne découle que de la notion du droit et du devoir ? Cet ordre-là n'est jamais sorti de la bouche d'un canon. Il faut une bien autre puissance que celle du fer, que celle de la poudre, que celle du bronze, pour le produire dans la société.

Si vous voulez l'effet, sachez donc vouloir la cause ; si vous voulez la vie, ne prenez pas ce qui donne la mort. Les principes dans leurs progressions suivent des voies logiques dont ils ne peuvent s'écarter. Un principe révolutionnaire n'aboutira jamais à l'ordre, ne produira jamais l'ordre ; logiquement, nécessairement, il arrivera au désordre, et n'engendrera que le désordre. Notre histoire de quelques mois le prouve. Nous nous abandonnons puérilement aux illusions d'une triste espérance. Nous attendons toujours le Messie de l'ordre qui n'arrive jamais ; et il n'arrivera pas tant que nous resterons dans ces voies qui mènent aux régions des tempêtes.

En dehors de la force morale il n'y a que la force matérielle ; mais la force matérielle n'est qu'une résistance momentanée ; dans les temps de révolution elle est bientôt dominée, brisée et vaincue par une force plus matérielle. La force la plus violente, la plus matérielle aura le des-

sus. Ce sont de nouveaux escadrons plus impé-
tueux, plus indomptables, qui renversent ceux
qui les ont précédés; ce sont d'autres vagues
plus hautes, plus irrésistibles qui passent par
dessus les premières, qui les dévorent, et sont
dévorées à leur tour.

Si donc vous voulez le règne de l'ordre, il faut
le proclamer, l'instituer, le prendre là où il est,
et le placer sur le socle. Avec ce règne-là seulement, le devoir sera connu et le droit res-
pecté. Fondez solidement l'ordre moral afin d'a-
voir l'ordre matériel, l'ordre, non-seulement
dans la rue, mais l'ordre et la régularité dans
la vie physique de la nation.

Ainsi, l'ordre engendre la liberté, la liberté la
sécurité, la sécurité le crédit, le crédit organise
le capital, le capital produit le travail, et le
travail crée le bien-être. La vie circule librement de veine à veine, d'organe à organe, et arrive jusqu'aux plus humbles ressorts du corps
social.

Mais ne nous dites pas : « Ce n'est plus le
moment de parler de Christianisme; le foyer de

la vie morale est éteint dans le cœur du peuple.
Ce qu’il lui faut maintenant, c’est la vie matérielle et physique. Nous le contenterons en lui
jetant son pain de chaque jour.... »

Ne dites pas ces choses; car, s’il est vrai que
nous sommes tombés dans un tel avilissement;
s’il est vrai que le peuple de France n’a plus que
cette faim brutale qui tord les entrailles; s’il est
vrai qu’il a renié le Dieu de ses pères, la grandeur, la dignité, l’héroïsme, la conscience de ses
pères; si toute action morale est impuissante sur
lui; s’il a perdu le sens de toute parole de devoir; si toutes ces ignominies sont vraies; si vous
ne caliomniez pas cette âme de peuple, alors,
oui alors, nous vous abandonnons ce corps d’où
la vie divine s’est retirée, nous vous livrons
ce cadavre qui se débat sous les étreintes de
l’agonie! Faites-en ce que bon vous semblera.
Essayez sur lui vos améliorations matérielles,
soumettez-le à tous vos galvanismes, redressez-
le, et dites-lui de marcher; il retombera comme
une chair inerte, parce que vous n’aurez pu lui
donner ce que vous n’avez pas, la chaleur, le

mouvement, le souffle, la force, la vie. — Entendez-le, s'il est trop tard pour nous, il est aussi trop tard pour vous.

Oui, si ce que vous dites est vrai, nous vous livrons ce peuple; jetez-le aux charniers de l'histoire. Hâtez-vous de couvrir son corps et d'effacer son nom et sa trace; car, déjà, par-delà les montagnes, nous entendons des bruits pleins d'épouvante, d'immenses tumultes, des voix confuses, comme la voix des grandes multitudes, comme la voix des grandes eaux, comme la voix des tempêtes. Malheur! malheur! c'est le *hurra* des peuples du Nord! c'est le clairon du Cosaque! c'est le hennissement de son coursier! c'est l'ouragan barbare qui gronde et approche!

Enfouissez donc ce corps glacé, pour lui épargner les outrages et les souillures du Barbare...

Mais non! l'étincelle de vie circule encore sous cette chair meurtrie, sous ce marbre battu par la pluie et les vents. Non! ce peuple est grand encore; il est grand par ce côté moral que vous ne voyez pas, et où la chaleur s'est retirée; il est grand par cette partie de sa face qui vous est voilée, et qui reflète toujours la ressemblance de Dieu ; il est grand malgré vous qui l'avez abaissé en ne le conviant qu'aux jouissances de la terre !

Ne négligez donc pas sa vie morale, ne dites pas qu'elle est éteinte parce que vous ne la sentez pas. Savez-vous qu'un peuple qui n'a plus de foi, plus de vertu, plus de conscience, qu'un peuple qui a renié son âme et qui l'a vendue pour *du pain et des jeux*, savez-vous qu'un tel peuple n'est plus digne de la liberté et qu'il est mûr pour l'esclavage !

Gardez-vous donc de laisser de côté la foi des ancêtres, de négliger ces hautes traditions qui ont fait la gloire, la beauté, l'immortalité, la grandeur, l'éclat immaculé, tous ces rayonnemens divers de notre génie de peuple.

La France a des origines, des antécédens, des souvenirs qui l'obligent.

Éclairons les nations comme nous les avons toujours éclairées. N'abdiquons pas notre âme, ne désertons pas notre mission en face de l'Europe et du monde. Nous devons marcher les premiers et ne pas céder notre rang. Ne descendons pas les pentes de ce Sinaï que Dieu nous a fait gravir au milieu des tonnerres, et d'où notre génie a débordé en jets si lumineux. Ne donnons pas à ceux qui nous envient le spectacle d'un peuple caduc qui se repent de trop de gloire, qui a honte de trop d'éclat, de trop d'inspirations, et qui s'agenouille le front dans la poussière. — Au milieu de l'ébranlement du monde, relevons au contraire nos cœurs et nos têtes, et montrons aux peuples qui attendent pour fouler nos ruines, que la France n'est inféodée ni à la matière, ni à l'immobilité, ni à la mort !

Mais si le passé oblige, si nous voulons que Dieu ne nous retire pas dans l'avenir cette mission d'initiative qui a toujours été la nôtre, rappelons-nous que la nation française est le fruit du Christianisme, l'œuvre laborieuse de cet esprit de grandeur et de force qui est descendu sur elle, qui s'est reposé sur son front au bord de ce Jourdain mystérieux où, en entrant dans la vie, elle reçut le baptême des peuples.

« *Cherchez donc premièrement le règne de Dieu et sa justice, et tout le reste vous sera donné par surcroît.* »

Ces paroles, que le Verbe de vie laissa tomber du haut de la montagne, sont encore pour nous des paroles d'avenir. Si nous voulons le règne de l'ordre, recherchons donc le règne du Dieu de l'Évangile ; retrouvons les tables perdues de la loi de charité et de justice ; mettons-nous en communion avec tout ce qui vit, sent, s'agite, demande, souffre, gémit autour de nous, et fondons la société nouvelle sur cet esprit universel de sympathie, d'abnégation, de dévoûment et d'amour, qui sera toujours l'âme de la France.

Rappelons-nous ces voix mystérieuses qui pleurèrent à la chute des deux plus illustres nationalités antiques. Lorsque la Grèce périt, les échos de l'archipel répetèrent ces paroles plaintives : « *Le Dieu Pan est mort!* » Et lorsque le génie de Rome s'éteignit, le vieux Latium entendit des voix désolées qui disaient : « *Les Dieux s'en vont!... »*

Ne laissons donc pas se fermer pour nous le livre de vie ; retenons notre génie religieux qui voudrait s'envoler, afin que nous n'entendions pas, nous aussi, passer dans l'air, comme des glas funèbres, ces paroles suprêmes, ces voix fatidiques : Le Christ s'en va ! le Christ est mort ! Le Verbe éternel est redescendu au sépulcre ; il va renaître pour d'autres peuples !...

———

Peuple de France, tu es dans une heure fatidique. Dieu est proche ; Dieu est là ; ne sens-tu pas sa présence ? Le croyais-tu immobile au fond de son éternité, et plongé dans l'impuissante contemplation des choses de la terre ?... — Si l'homme a sa journée, Dieu aussi a la sienne. — A l'heure présente, il te parle, il t'appelle,

il te visite, il t'agite du souffle de sa justice.
Avant de frapper pour la dernière fois, il avertit toujours; c'est donc à toi de comprendre cet
appel suprême. Dans ta nuit, n'as-tu pas vu
passer son ange? De grands peuples, de grandes
cités, avant toi, ont vu flamboyer son glaive;
ils ont entendu sa voix et ne l'ont pas écoutée.
Que de Babylone, que de Ninive, ont bu les sept
coupes de la malédiction et ont été frappées à
la fois de l'éclair, du glaive, de la peste, de la
famine, de l'incendie, de toutes les morts! Que
de villes, que de nations ont été moissonnées!
que de vignes ont été vendangées par cette faux
tranchante et impitoyable! que de peuples ont
été jetés et foulés comme des raisins trop mûrs
dans cette grande cuve de la colère de Dieu dont
parle la Bible!

Peuple! Dieu a toujours au milieu de toi son
prophète; et ce prophète qui te parle, ce prophète qui t'avertit sans cesse, c'est le passé.
Voilà ton Isaïe. Et nous tous qui faisons vibrer
cette voix du passé, nous sommes, comme l'antique prophète, debout sur la montagne, en face

des races éteintes, des races vivantes et des races futures. Au nom des siècles passés nous disons la vérité au siècle présent ; nous lui marquons l'heure de sa chute.

Que celui donc qui a la vérité la crie à tous les vents ! que celui qui veut la vérité l'entende ! Car il est temps encore ; demain, peut-être, il sera trop tard... A l'œuvre donc, nous tous travailleurs de Dieu, ouvriers de l'avenir.

La main sur le cœur, répondons avec franchise. Recherchons-nous sincèrement le règne du vrai, le règne du droit ? Apportons-nous dans cette recherche une conscience pure et libre, une pensée haute et calme, une âme dégagée des jalousies, des haines, des secrètes colères de classes et de partis ? Voulons-nous le bien pour le bien ? Aimons-nous notre patrie qui souffre, notre patrie qui meurt, de cet amour du Croisé pour son Dieu et son Roi ? Sommes-nous en réalité capables de dire : Le droit et le devoir le veulent ; et non l'intérêt le veut ? — Oh ! s'il en est ainsi, si nous avons le sentiment de l'abnégation et du sacrifice, le sentiment du dévoûment à tous et à tous les degrés, l'amour des faibles et des forts, l'amour de ceux qui ont besoin de tout, de pain et de lumière, et l'amour de ceux à qui Dieu a donné les biens de la terre ; si nous sentons palpiter en nous cet esprit vaste et généreux de sympathie, de paix et d'union, alors la France se relèvera ; alors la France est sauvée.

Mais en attendant que cet esprit éclate et rapproche ce qui est divisé, instruisons-nous aux rudes leçons du présent, et inclinons-nous sous la verge des expiations.

Rome, dit Bossuet, a senti la main de Dieu, et a été comme les autres un exemple de sa justice. Que l'histoire ne laisse pas un jour tomber sur nous cette fatale parole... Cependant, qui de nous ne sent sur son front le poids de cette forte main qui déjà s'est appesantie sur tant de peuples ? Quelle épaisse nuit s'abaisse autour de nous ! comme les horizons se rétrécissent et s'assombrissent ! Partout des signes néfastes. Quelles grandes funérailles se préparent donc dans les desseins de Dieu ?... Nous nous disputons l'heure qui passe, et demain, dites-moi, demain à qui sera-t-il?... Sera-t-il à l'homme? sera-t-il à la mort?... Car la mort arrive dans le vent; nos poitrines l'aspirent avec le souffle qui donnait la vie. — Paris a vu passer le funèbre cavalier. — Le fléau se joue des prévisions et des efforts; il glace les plus nobles cœurs, il courbe les plus hautes têtes. — Dieu étend sur nous le cordeau de la destruction. — Oh! triste! triste! triste!... La France descend-elle donc sur ces mornes rivages de l'éternelle tempête, de l'éternelle nuit?...

Peuple de France, peuple que Dieu aimait, n'attends pas que l'éclair t'ait froudroyé, que l'ange de colère ait jeté sa faux pour te moissonner comme une herbe aride.

Des préjugés, des calomnies, des haines injustes, des fureurs aveugles te divisent et te gonflent la poitrine. Jette ces coupes empoisonnées; étouffe tes clameurs; apaise tes colères.

La France est-elle donc devenue un nid de serpens? Sommes-nous condamnés à nous dévorer comme des tigres dans une même fosse?...

Telle n'est pas notre destinée. — Mais il est des hommes que tu dois renier et flétrir, peuple de France ; il est des hommes que tu dois rejeter de ton sein comme ces scories que le volcan vomit hors de son cratère. Ce sont ces hommes qui versent le fiel dans ton cœur, qui te poussent aux violences, et te convient aux agapes de l'avenir sur des ruines et des cadavres ; ce sont ces hommes qui ont divisé la France en deux camps, et ont promis à une moitié de la société les dépouilles de l'autre ; ce sont ces insulteurs de ton passé, de tes croyances, de tes lois, de ta gloire, de ton génie, de tout ce qui t'a fait grand et fort ; ce sont ces hommes qui, pour te cacher Dieu, ont jeté de la poussière au ciel en maudissant la lumière ; ce sont ces hommes qui t'appellent sans cesse à ces luttes sauvages de frère à frère, à ces déchiremens qui sont la honte d'un peuple et qui hâtent sa mort.

Chasse ces idées qui enflamment ton cerveau. Ferme ton oreille à ces folles doctrines qui te promettent un idéal dont la réalisation est un rêve impossible. Ne demande pas à la société ce qu'elle ne peut te donner. Cette société que l'on calomnie aime tous ses enfans du même amour. Mais souviens-toi qu'elle châtie rudement celui qui veut porter sur elle une main sacrilège. La violence, elle la repousse et la dompte par la violence. Ses lois sont sacrées ; elle frappe celui qui veut les lacérer. — Pas d'opprim s, mais aussi pas d'oppresseurs. Le despotisme ne doit venir ni d'en haut ni d'en bas.

Peuple, tu te demandes souvent : Pourquoi des riches, pourquoi des pauvres ? — Demande plutôt à Dieu : pourquoi des forts et des faibles, des intelligens et des simples d'esprit. C'est la Providence qui peut seule te rendre raison de cette loi : car les inégalités des conditions, c'est Dieu ui les a faites; c'est l'empreinte de sa volonté. — Les inégalités de forces et d'intelligences, voilà l'origine de toutes les inégalités dans l'ordre social. — Ces vérités sont simples, transparentes, évidentes comme la lumière, éclatantes comme le soleil, nécessaires comme la chaleur à la circulation de la sève, au développement de la vie.

Ainsi, nous, hommes de toute classe, de toute condition, de tout parti, abaissons les barrières des haines, guérissons nos meurtrissures, relevons ensemble nos ruines et apaisons nos douleurs. Ne formons pas deux patries dans une patrie, deux sociétés dans une société, deux peuples dans un peuple.

L'unité, c'est l'âme, c'est la vie de la France. Sans l'unité elle périra ; car elle a besoin de toutes ses forces vives.

Que chacun de nous apporte donc la paix, et non la guerre.